# しあわせは いつもそばに

監修 武山廣道（白林寺）
文 ひらたせつこ

「禅語」というと意味不明で難しいものと思われがちですが、根本にある心は、現代社会を生きる私たちにも通じるものです。

忙しい毎日の中、自分ひとりになって一日を振り返る時間も、将来について思いをめぐらせる時間もない。ただただせわしなく一日が流れ、一年が過ぎていくかもしれません。きっと、ほとんどの人が自分について考える時間なんてないのです。

だけど、本当にそれでいいのかな、と自分でも気づいているはず。今、幸せですか？願ったように生きていますか？　もし窮屈だと感じているのなら、何にとらわれているのかを考えてみませんか。もし苦しいのなら、こだわっているものを放ってラクになりませんか。もし悩んでいるのなら、迷うのをやめて一度立ち止まってみませんか。深呼吸をして心を空っぽにするのもまた、必要な時間なのです。

短い一句ですが、先人たちの禅の心や悟りの境地が込められた禅語には、あなたの毎日を変えるヒントが散りばめられています。禅語とともに、この本が自分を見つめるきっかけになれば嬉しいです。

# 第一章 気づく

## 第二章　はじめる

## 第三章 迷わない

## 第四章　こだわらない

## 第五章　受け入れる

# 第一章　気づく

# 何も無いところから始める

私たちのいのちが始まったとき、
何も持っていなかった。
私たちのいのちが終わるとき、
何も持っていけない。

自分は何のために生きるのか、
自分に何ができるのか、
自分は何を得られるのか、
自分がもっと成長するには…。
価値あるように見えることには
どれくらいの意味があるのだろう。

本来無一物
ほんらいむいちもつ
人間は本来、何もない。こだわるべきことも、とらわれることも何もない。

何にこだわっているのだろう。
何にとらわれているのだろう。

無から始まる人生は
無限の可能性と広がりを持っている。

人生が本当につらくなったら
もう一度、何もないところから
新しい一日を始めてみよう。

本来無一物

# 人生は出会いでできている

いろいろな人に出会ってきた。

出会う人に対して
どんな自分であっただろうか。
羽振りがいい人に擦《す》り寄り、
貧しい人から離れようとはしなかっただろうか。
好きな人に便宜《べんぎ》を図り、
嫌いな人に意地悪をしなかっただろうか。

これからも、
いろいろな人に出会うだろう。

喫茶去
きっさこ
「まぁ、お茶でも一杯」という意味。貴賎等の分別なく、相手に真心から接する大切さが読み取れる。

人を見た目や肩書きで区別せず、
同じ笑顔で接することができる
自分でありますように。
好き嫌いで差別せず、
親身に接することができる
自分でありますように。

わけへだてのない対応ができる
自分でありますように。

喫茶去

# いま、言おう

感謝と謝罪の言葉は
機会を逃すと
言い出しにくくなってしまう。
タイミングを見計らっているうちに
時だけが過ぎてしまうのだ。

そんな風に
言えなかった言葉を、
誰しも、ひとつやふたつ
心の中に沈殿させながら生きている。
それは日常的には忘れているが
ふとした時に

光陰可惜時《こういんおしむべし》
不待人《ときひとをまたず》

時が過ぎるのは早く、人の気持ちがついていけなくても待ってはくれない。過ぎゆく一瞬を、いまを大切に生きることが重要。

心の表面に上がってきては
その苦《にが》さを思い出させる。

いい時を探すな。

いい時とは、いまだ。

そうしよう、と思ったいまだ。

いま、言おう。

「ありがとう」

「ごめんなさい」

光陰可惜時不待人

# 大切なことは、教えてもらえない

ニュートンは
落ちたリンゴを見て、
万有引力に気づいたと言うけれど、
私たちは何を見て、
どんなことに気づけるだろう。

目の前の人の控えめな笑い顔を見て
胸に秘めた悲しみに気づけるだろうか。
あなたを見つめる上司の視線に、
期待の大きさを感じられるだろうか。
隣の赤ん坊の泣き声を聞いて
成長を感じとれるだろうか。

---

**一口吸尽《いっくにきゅうじんす》西江水《せいこうのみず》**

弟子が師匠に「一切の存在を超越するものは何か?」という質問をしたところ「揚子江の水を一口で飲み尽くすことができなければ理解できないだろう」と言われた。真理を求めるならば、生半可にとどまらず天地万

空き地に咲いた小さな花から、
季節の変化に思いを馳せられるだろうか。

ささいな変化からその背景にあるものを感じ、
一瞬の出来事ですべてを理解する。
目の前のことに真摯に向かいながらも
一歩ひいて全体を知ろうとする。
小さな気づきによって
見えている世界が変わっていく。

一口吸尽西江水

物と一体になるほどの境地に至る必要がある。

# 輝かせて、輝いて

あなたがあなたであること、
ただそれが素晴らしい。

私たちは
誰もが両手に
自分だけの素晴らしい宝物を
抱えて生まれてきた。
いまではすっかり
忘れてしまっていたとしても、
必ず誰もが持っている。

いま、ここにいる意味は

明珠在掌《みょうじゅたなごころにあり》
素晴らしい宝は掌の中にある。誰もが素晴らしい宝を持って生まれてくる、素晴らしい宝は自分の中にある、という意味。

その宝物を磨き続けることなのだと
気づくことができれば
「自分にはこれが足りない、あれが足りない」と、
あちこち探し回る日々から解放される。
他人とは違うあなただけの宝物の輝き。
輝かせて、輝いて、生きていこう。

明珠在掌

# 心はいつもさらさらと

悲しい時には泣き、
うれしい時には喜び、
楽しい時には笑い、
憤《いきどお》った時には怒る。

私たちの心は
いつも小さな出来事に揺れ動く。
それでいい。
自然に湧き上がる一瞬一瞬の感情は
あなただけのもの、大切にしよう。

悲しみを持ち続けると妬《ねた》みに変わり、

逢花打花
逢月打月
はなにあえば
はなをだし
つきにあえば
つきをだす

花に逢えば花を味わい、月を見たら月を味わう。後には思いを残さず、出会う事象をそのままに受け流すという意味。

喜びを持ち続けると優越感に変わり、
怒りを持ち続けると他人を傷つけたくなる。
ひとつの出来事に執着すると
それは執念に変わる。

感情はさらさらと流していこう。
その感情の川の軌跡が
あなたの人生をキラキラと輝かせる。

逢花打花逢月打月

# あなたは、もともと知っている

時代が変わっても、
遠く離れていても、
言葉が違っていても、
信じる神や教えが違っても、
大切にされてきたことがある。

人のために働く、
父母や先祖に感謝する、
人のものを欲しがらない、
盗まない、
人を殺《あや》めない…。

千里同風《せんりどうふう》
千里離れた場所にも同じ風が吹いている。真理はいつでもどこでも不変であるという意味。

たぶん、それは教えてもらわなくとも
「なぜ？」と問う必要もなく
私たちの遺伝子に刷り込まれている。
どんなに欲にまみれていても
自分の心の底をじっと、
じっと見つめれば
忘れていた真理に気づく。
本当に大切なことは
誰もがすでに知っている。

## 千里同風

# 主人公、目覚めよ

他人のことは「優しい人」「面白い人」と
簡単に説明できるのに、
自分のことをひとことで伝えるのは難しい。

私の中には、
怠けてしまう「私A」や、
言いたいことが言えない「私B」や、
困っている人にだけ優しい「私C」がいる。
気分次第で現れる私の脇役たち。

けれど、心の一番奥には本当の私がいる。
私にとって大切なことを知っている

---

主人公
しゅじんこう

瑞巌《ずいげん》和尚《おしょう》は、毎日自分自身に向かって「主人公」と呼びかけ、毎日自分を戒めていた。日々、本当の自分を見失わず、主体的な自分を意識する。

私という人生の主人公。
せわしない日常の中で忘れ去られ、
眠っている主人公。

いつも気分に流されて、
薄っぺらな脇役たちに
人生を占領されてはつまらない。
主人公を目覚めさせよう。
主人公を活躍させよう。
あなた自身の物語をつくっていこう。

主人公

# 大切なものを見失わない

昨日まで讃《たた》えられていたアイドルが
ちょっとしたスキャンダルで蔑《さげす》まれるようになり、
普及していた化粧品の成分が
実は身体によくないとわかり、
外見より中味だと思っていたら
見た目が9割だと言われ、
安全だと言われていた原子力発電所が
そうではないとわかる。

人の評判とか、
開発中の技術とか、
時代の価値観とか、

水急不流月
みずきゅうにして
つきをながさず
川の水はさらさらとせわしく流れるが、川面に映る月を流すことはない。状況や時代が変わっても、真理は変わらないということ。

片面から見る事実とか、
不確かで危ういものと一緒に
私たちは生きている。

流れていく時代の中で、
何が本当なのか、
何を信じるのか、
決めるのは自分だ。
時代の風に逆らっても
自分を見失ってはいけない。

水急不流月

# 大自然に学ぶ

深い谷で咲く美しい花は
その美しさを讃《たた》えられることがなく、
ただ咲いて、萎《しお》れていき、
実をつけ、いのちを次につないでいく。

森の中にいる獣たちは
生きるために必要なものだけを
捕まえて、食らい、
最後は自分も食べられ、いのちを次につないでいく。

私たちは
称賛されるようなことを成し遂げたいと感じ、

---

山花開似錦
さんかひらいて
にしきににたり
山花は錦のように
咲き乱れている。
眼前に広がる大自
然の営みそのもの
が、不生不滅の法《ほっ》
身《しん》である。

不必要なものまで欲しがり、
自分の生きた証を残したいと願う。

そんな自分の欲に疲れてしまったら、
自然の中を歩いてみよう。
山があり、川があり、木があり、花がある。
鳥がいて、虫がいて、魚がいて、獣がいる。
何百年と、お互いが調和しながらそこにある。
自然の中で、人の一生の短さを感じながら
感謝して生きることを誓おう。

山花開似錦

# 身体から変わる

気持ちが落ちているとき、
鏡を見てごらん。

背中が丸まっていないだろうか
肩が落ちていないだろうか
目は下ばかり向いていないだろうか
口角が下がっていないだろうか
顎が下がりすぎたり、上がりすぎたり
していないだろうか。

背筋を伸ばし、顎をひき
身体の軸をしっかりと維持し

---

惺惺着
せいせいじゃく
「自分の本性よ、目を覚ませ、しっかりしろ」と呼びかける様子。

口元には微笑《ほほえ》みを浮かべ
目に力を入れて見開き
呼吸を整える。

その姿を自分の心に焼き付けよう。
いつもその姿でいよう。
その姿で物を見て、考えよう。

身体と心はつながっている。

惺惺着

# 天が教えてくれている

「あっ、いい風が吹いてる」
「えっ、この人ってこんな素敵な瞳をしていたんだ」
「他の人とは違っても、こうしたいな」
そんな風に思う
自分で自分に驚いて
自分の中に、自分が知らない「本当の私」を感じる。
ふと、きまぐれに現れる
いまここだけで生きている「本当の私」。

恥ずかしさとか、常識とか、
立場とか、損得とか、
どんな風に思われるかとか、

---

**一無位真人**
いちむいのしんじん
一切の立場や名誉などにとらわれない「階位を超えた自由人」のこと。肉体は単なる肉体でしかなく、真人は肉体を自由に出入りする。人が何かを感じたり考えたりする時、それは「真人」の仕業なのだ。

そんなものとは無関係に
何にもとらわれず、偏らずに生きている
「本当の私」。

「本当の私」が現れるとき、
それは天とつながった状態。
きっと何か大切なことを
宇宙が教えようとしてくる一瞬。
日常のせわしなさにまぎれ、
見失っていたものを思い出させてくれる一瞬だ。

一無位真人

# 忘れていた美しさに気づく

スケジュール帳を閉じ、
携帯電話をオフにして、
メールやSNSも気にせず
時間も気にせず目的なしにひとりで外に出よう。

私たちの目はあまりの情報量に疲れている。
高速道路で自動車を運転していると
周りの景色が見えないように、
スピードの速い毎日の中で
何も見ていない、何も気づけていない。

高原に行かなくても、

掬水月在手
弄花香満衣
みずをきくすれば
つきてにあり
はなをろうすれば
こうえにみつ

水を掬《すく》えば月が手の中に映る。花を摘んでいると、その香りが衣に染みつく。いつでもどこでもすべてに仏性の真理が宿っている。

海外に行かなくてもいい。
いつもの街で、ちょっと足をとめてみよう。
目を閉じて耳を澄まし、香りを嗅ぎ、
日差しを感じてみる。

いかに毎日、たくさんの情報に
翻弄されていたのかがわかるから。
道端に咲いている花の可愛らしさを
忘れていたことに気づくから。

掬水月在手弄花香満衣

# 夢みよう

人生は夢のようなものだ。

名前をもらって
この世を生きて、
旅立つ日まで
長くても百年少しの夢を見続ける。

生命誕生から四十億年、
地球が見る夢の中で
あなたが登場するのはほんの百年、
まばたきする間もないくらい。

---

夢

ゆめ

この世の一切のことは夢、まぼろしである。

夢なんだから、なんでもできる。
この身に訪れる苦しみも悲しみも
怖がりすぎることはない。
終わる日が必ずくるから。
夢なんだから、夢みよう。

夢

# 誰もあなたの自由を奪えない

毎日、
私たちの心を揺るがしそうなことが
起こっている。

世界のどこかで戦争が起こり、
消費税が上がり、
好きな芸能人が結婚し、
会社が突然倒産し、
家族が病気になる…。

どうしよう！

竹影掃階塵不動

ちくえいかいを
はらって
ちりどうぜず

竹の影が風に揺れて階段を掃いているように見えるが、塵はいっこうに動かない。

…それがどうした？

何者もあなたの心を
外から傷つけることはできない。
何者もあなたの心の自由を
外から奪えない。
何者もあなたの心を
外から汚すことはできない。

あなたの心は、あなただけが変えられる。

竹影掃階塵不動

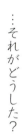

# 体験から学ぶ

子どもが転ばないように
目の前の石をどけてはいけない。
転ぶ痛みもわからなければ
上手な転び方も覚えられない。
小さな時に何度も転ばせよう。
大きくなってから
上手に転べるようになる。

人は体験することで、
多くの気づきを得ていくものだ。

---

冷暖自知《れいだんじち》

水が冷たいか、温
かいかは、自分で
飲めばすぐわかる。
物事は教えられる
より体験しないと
わからないという
意味。

親ができることは
痛みも含めて子どもの体験を邪魔しない、
否定しないこと。
かわいい子どもに手を貸したいのに
あえて貸さないことが
親にとっての新しい体験となる。

親としての体験が増えていくと
自分を育ててくれた
親の気持ちがやっと少しわかる。

冷暖自知

# ルールに縛り付けられないというルール

ひとつの信念を貫く人は美しい。
けれど、一方で「こうしなければならない」と
自分自身でつくったルールにしがみつく
窮屈な人にはなりたくない。
ルールを守れない自分はダメだ、と
そのたびに自分を嫌いになりたくない。

だから、こんな信念を持つ。
「私はいつでも自由自在に選択できる」

一度決めたことをやらないことも
やらないと決めたことをやることも

一以貫之《いちをもってこれをつらぬく》

ひとつの信念を
持って、くじけず
貫いていくという
意味。

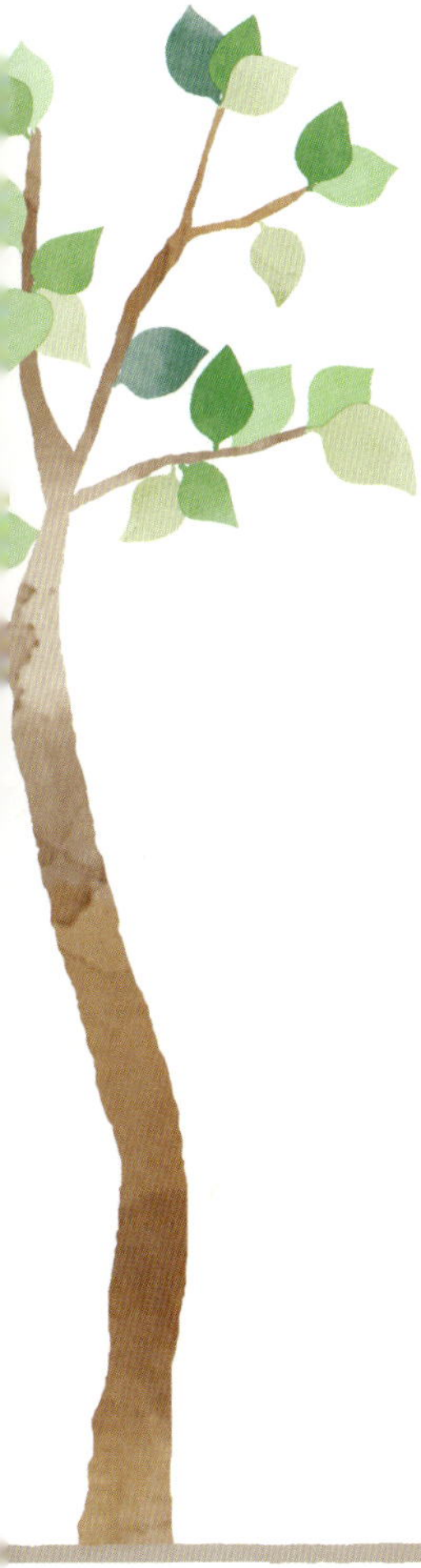

以前に言ったことと違うことを言うのも、
自分自身で自由に選択できる。
場が変われば、時が変われば
行動だって、言葉だって、変わっていい。

いつでも心に正直に、
ひとつずつ大切に選びながら、
少しずつ、少しずつ、
自分がなりたい自分になっていけばいい。

一以貫之

# 自分の機嫌は自分で取ろう

赤ん坊の時は、
泣けばお母さんが抱き上げてくれた。
幼い頃は、
だだをこねればおばあちゃんがなだめてくれた。
学校に上がってからは、
不機嫌な顔をしていれば
先生が心配してくれた。
寂しそうにしていれば
友達が声をかけてくれた。

振り返れば
いつも誰かが機嫌を取っていてくれた。

元気《げんき》
心身の活動の源となる力。

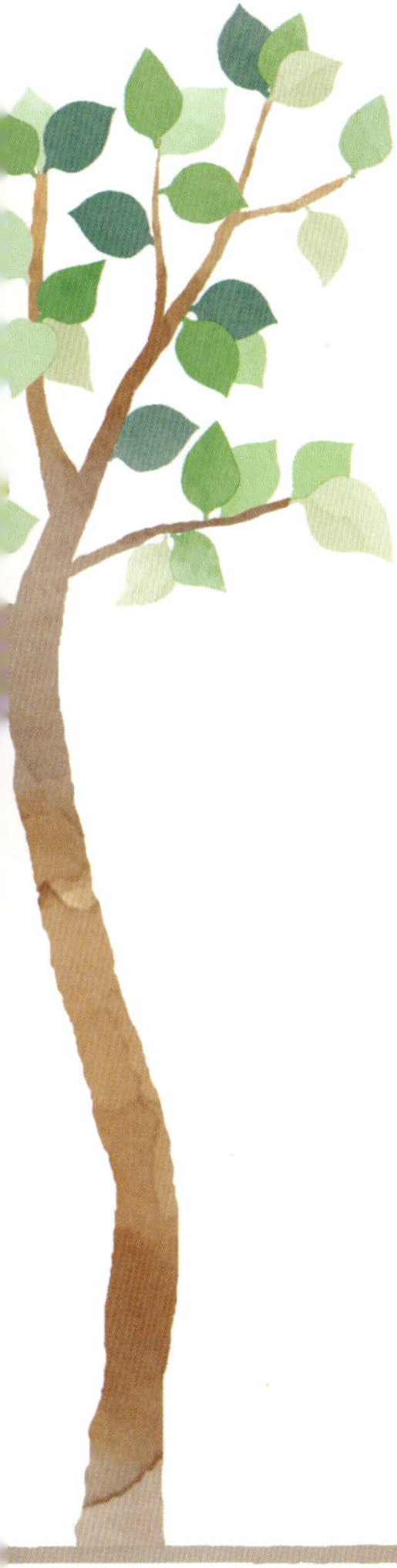

けれども、本当は
機嫌を取ってもらわなくても、
心配されなくても
あなたはあなたを元気にできる。
あなたの中には
美しく強い気が湧き出る泉がある。
その泉を忘れずに
その泉を枯らさずにいよう。

元気

# いま、ここにいる自分を抱きしめよう

できなかったことが
できるようになっていくのが
成長だと思っていた。

けれども、若さという力をなくしたとき
以前はできたことが
できなくなっていることに気づく。
上手だったことが下手になる。
せっかく得たものが失われていく。

こうして、どんどん変わっていく
自分自身との出会いも「一期一会」。

一期一会《いちごいちえ》

一期とは、生まれてから死ぬまでのこと。この出会いが最初で最後かもしれないと思って、真剣に向き合う、という意味。

まるで初対面のような
自分との出会いもあるだろう。

あの時の自分とは違っても、
できないことが増えたとしても、
一番美しいのは、いまの自分だ。
できなくなっても笑顔でいられる、
いまの自分の強さを愛おしもう。
いま、ここにいる自分を抱きしめよう。

一期一会

# 第二章　はじめる

# 先に「満たされている」と思う

本来、人とは完全なものである。
仏であり、愛であり、光である。
すでに満たされている存在だ。
けれども、人は自分の完全さを忘れる。
１０８つの煩悩に振り回され、
すべての欲望を満たせないふがいなさに自信を失い、
人生を嘆く。

「足りない」という思いが
私たちの人生をつらいものにする。
多くの欲望を持ったまま
すべての欲を叶えることは誰にもできない。

**雲収山岳青**《くもおさまりてさんがくあおし》

雲が収まり、青々とした山が見えてくる。心の曇りを晴らせば、仏性を携えた本来の姿が現れてくる。

あなたはすべての欲を叶えたいのか、
平穏な気持ちで良い人生を送りたいのか。
「私の人生はすでに満たされている」
と本気で思えば、いらない欲を捨てられる。
欲を捨てていくことで、
あなたはすでに自分が持っているものに気づく。
人生が光り輝きはじめ、本当の自分が見えてくる。

雲収山岳青

# 善悪をわけない

「私が悪かったのかな？」

「どうしたら良かったんだろう？」

「いったい、何が正しいの？」

「それは間違いじゃないの？」

世の中には正しいものと
間違っているものがあると
考える限り、
「これは善なのか、悪なのか」と
いつも確かめたくなる。
その問いが心を惑わせる。

不思善不思悪《ふしぜんふしあく》
善いとも思わず悪いとも思わず、一切の分別を断ち切ると本来の自分に出会えるという意味。

善と悪とは何なのだろう。
善であるように見えることも
もう一方から見ると悪となる。
人を助ける善行は
自立の力を奪う悪行ともなる。

善にこだわることに
どれだけの意味があるだろう。
善悪をわける心を捨ててみよう。
すると、心が静かになっていく。

不思善不思悪

# できるとしたら、何をする

「これがあったらできるのに」
「これがないから、ダメだよね」

私たちは、多くのことに条件をつける。
その条件が揃わなければできない、と
自分の限界を決める。

必要なものが
揃っていればいいけれど、
なければないのも面白い。
あなたが自分で感じている限界も
ここまでだよ、と

---

隻手音声《せきしゅおんじょう》

両手を打てばポンと音がする。では片手だけの音声を聞いてみよ、という禅の公案。自分で決めた「常識」を根本から疑わせ、理屈や言葉を超えて物事に向き合うことを考えさせる。

誰かに線を引かれたわけでもない。
いまの条件でもできるとしたら？
限界がないとしたら？
あなたは何をするのだろう。

隻手音声

# 最期の日まで、使命を果たす

定年と同時に仕事はなくなっても、
子どもが巣立っていっても。
最期の一息を吐くまで
ひとりひとりに
きっと与えられた使命がある。

自分のいのちを思う存分に使って
やるべきことをやり尽くすために
私たちはいのちをもらっている。

お身体が心配だから、と
動ける人から仕事を取り上げるな。

---

## 一日不作
## 一日不食

いちにちなさざれば
いちにちくらわず

老和尚が畑仕事をしていると、「無理をされてはいけません」と弟子たちが鍬《くわ》を隠した。すると「私に何もしないでいいと言うならば、何も食べません」と、おっしゃった。労働も生活の一部なので、取り上げられると生活が欠け

これからは自分のことだけ考えて、と
人のために動きたい人から
役割を取り上げてはいけない。

家族のために、
誰かのために働く。
今までそうしてきた人に
生き方を変えてもらう必要はない。
生きている実感を最期まで持ってもらおう。

一日不作一日不食

たことと同じ。

# そっと、そこにいる

知恵ある人ほど
謙虚に和《にこ》やかに穏やかに
そっとそこにいる。

上に立てば、下ができる。
光を放てば、影ができる。
導けば、服従する。

だから、
ただニコニコと
目立たぬ気配で横にいて、
立ちたい人を上に立たせ、

**和光同塵**
わこうどうじん

光を隠して、世俗の中に身を投じて衆生済度《しゅじょうさいど》する。自分の知恵をひけらかさず、世俗の中でつつましく暮らしながら人の役に立つように行動するという意味。

人が気づかぬところに光を当てる。

月は光って見えるけれど、
それは見えない場所にある太陽の輝きを
反射しているだけなのだ。
照らされた人の影には
いつも知恵ある人がいる。

和光同塵

# いま、ここで、何をするのか

あめ玉をなめるように
過ぎ去ったことを思い返して
切なくなったり、
つらくなったり。

雲にのるように
明日のことを夢に描いて
緊張したり
ワクワクしたり。

けれども、
過去や未来に思いを馳せている間、

莫妄想《まくもうぞう》
頭であれこれくだらぬことを考えず、いまここにあることに専念しなさい、という意味。

あなたは「いま、ここ」にいない。
何も起こらず、何も起こせず
時間だけが過ぎていくばかり。

人は「いま、ここ」で行うことでしか
人生を変えていけない。
いま、ここで、何をするのか。
それだけが
あなたの明日を変える。

莫妄想

# 先に根を伸ばす

大きな大きな樹が
台風や大雨でも倒れないのは
その下に
大きな大きな根があるから。

根が深く広がった分だけ、
枝が伸び、
葉が茂り、
花が咲き、
実がなり、
幹が太る。

脚下照顧
きゃっかしょうこ
他に向かって理屈を言う前に、まずは自分の足元を見て本性を見つめよという戒め。足元を見て、自分の基本をしっかり築きなさい。

目に見えた結果を残す人は
目に見えない努力をしている。
努力をしてきたという
自信が支えてくれるから
予期せぬことが起こっても
倒れることなく立っていられる。

花を咲かせたいなら、先に根を伸ばそう。
大きく成長したいなら、先に根を広げよう。
人には見えない努力の後に
あなたは大樹となり、花を咲かせる。

脚下照顧

# あなたがあなたでよかった

あなたはあなた、
私は私。

私があなたを好きなのは、
あなたが私と違うところを
持っているから。
あなたに私と似たところを
感じるから。

どんなに遠く離れていても、
どんなに近くでくっついていても
あなたはあなたで、

山是山《やまはこれやま》
水是水《みずはこれみず》

山は山、水は水として完結し、それぞれの本分に応じて自然をつくり上げている。自分は自分、相手は相手として認め合って円満でいられる。

私は私。

それがときどき悲しくて、
だからときどき嫌いになるけれど。
やっぱり
あなたがあなたでいてくれて
よかったと思う。

山是山水是水

# 知らないところで傷つけても

なにげなく放《はな》った言葉が
相手を傷つけたり励ましたりすることがある。
なにげなく起こした行動が
自分の思惑とは違うように伝わることがある。

自分の言葉や行動が
知らないところで誰かの心に響いている。
誰かの心を揺らしている。
その影響を自覚することは大切だ。
けれど、それを怖がりすぎないで。

魚行水濁
うおゆけばみずにごる
魚が泳ぐと、砂が舞って水が濁る。同じように私たちの言動も何らかの形で痕跡を残している。

だから、必要なことさえ言わない。
だから、余分なことはしない。
もちろん、そんな生き方もある。
けれども、社会に生きる私たちは
人と関わらずして生きていけない。
傷つけ、傷つけられることがあったとしても
助け、助けられながら生きていくのだ。

真摯に言葉を発し、行動し続ける。
私たちにできることは、それだけだ。

魚行水濁

# この道が続く未来を信じる

医者でも、美容師でも、
サラリーマンでも、シェフでも、
主婦でも、建築作業員でも、
学生でも、販売員でも、
いま目の前のことに向かって
ひたむきに頑張っている姿は
人を感動させる。
人を元気にする。
人をやる気にさせる。

そのひたむきさが自分にも欲しい、
と誰もが思う。

**大道透長安**《だいどうちょうあんにとおる》

すべての道は長安に通じている。悟りや真理は特別なものではなく、日常の行いすべてがつながっているという意味。

まっすぐに向かう力の大切さを
知っているから。

どの道を歩いたとしても、
まっすぐに歩いていく人たちが
最後にたどり着く場所はきっと同じ。
あなたの道もその場所に通じている。
続く未来を信じて
毎日、毎日少しずつ歩き続けていこう。

大道透長安

# すべて必要なもの

「憐《あわ》れ」という状態は
お金がないことではなく
愛してくれる人がいないことではなく
仕事がないことではなく
病気になったことではなく
自分のことを
自分で憐れんでいることを言う。

貧乏だから
工夫する喜びを知る人がおり、
孤独だから
多くの人に優しくできる人がおり、

---

山河並大地
全露法王身
さんがならびにだいち
まったくほうおう
しんをあらわす

山も川も天も地も
すべて真理の現れ
であり、目に見える
ものすべてに仏性
が宿っている。目に
見えるもので必要
ないものはひとつ
もなく、惜しみなく
与えられていると
いう意味。

無職だから
新しい将来をつくり出せる人がおり、
病気だから
身体と真剣に向き合える人がいる。

一見、不幸に見える出来事も
人生を変えるチャンスになる。

必要なことだけが、私たちの人生に現れる。

山河並大地全露法王身

# 一日一日がよき日になる

朝、目の前で電車の扉が閉まり、
次の電車がくるまで読書ができた。
昼、いつものランチが品切れで
気になっていた新しいメニューに挑戦した。
午後、お客様から叱られて
まだ伸びしろがある自分がわかった。
夜、デートがなくなって
たまたま見たテレビが面白かった。
深夜、布団に入って
あぁ、今日もいろいろあっていい日だったな、
と思えた。

日々是好日
ひびこれこうじつ
優劣・損得などに
こだわらず一日を
ただありのままに
生きることができ
れば、すべての日
がよい日になる。

私たちの人生に起こる
出来事には意味はない。

ひとつひとつの出来事に、
ツイていた、ツイていなかったとか、
幸せ、不幸せとか、
意味をつけなくてもいい。
ただそうした毎日をありのままに
生きていれば、
一日一日がよき日になる。

日々是好日

# 真っ黒な掌《てのひら》に隠されたドラマ

真っ黒な油で汚れた爪。
ずっと機械と闘ってきた働く人の手だ。
ガサガサでしみが浮かぶ手の甲。
ずっと家族を支えてきた主婦の手だ。

こんな汚い手で、と隠そうとする彼ら。
ただ実直に生きてきた自分の人生を
少し恥ずかしく思っているのかもしれない。
けれど、日々すべきことを成し遂げてきた
数十年に思いを馳せれば
その素晴らしさに頭が下がる。

破草鞋
はそうあい
使命を果たし、いままでは誰一人として見向きもしない、破れたわらじ。

どんな人生にも
さまざまな葛藤や決断があって
いま、ここにいる。
祖父母の、両親の、叔父叔母の、
上司の、居酒屋で隣に居合わせた年上の人の
ささやかな人生を聴いてみよう。
知らなかった扉をひらくと
きっと驚くようなドラマが隠されている。

破草鞋

# ふさわしい道を歩む

大人になると
若かった頃のことを
「なぜ、あんなことで悩んでいたんだろう」と
思い出す。
なぜ、あの時に一歩踏み出せなかったんだろう。
なぜ、あの時にグダグダしていたんだろう。

でも、あの時はあの時で真剣だった。
それしか道がないと思っていた。

人は少しずつ成長し、
心も身体も魂も大きくなっていく。

---

**大象不遊兎径**《だいぞうはとけいにあそばず》

身体の大きな象は、うさぎの通る迷路のような小さい道で遊んだりはしない。大きな人間は小さな迷いを抱えて足を止めたりしない。

若い頃に迷った道は
もう入り方さえわからず、
振り返った道は歩けない。

自分の過去が恥ずかしいのは
大きくなった証拠なのだ。
そして私たちは、
いまの自分にふさわしい
新しい道をいく。

大象不遊兎径

# 気を伝える

「おはようございます」
「こんにちは」
「こんばんは」
「はじめまして」

なぜ、挨拶をするのか？
なぜ、挨拶を返すのか？
それは、単なるマナーではなく、
お互いの「気」を確かめ合うため。
今日の体調や気合いを
小さな言葉にのせている。

挨拶
あいさつ
禅問答で、積極的に近づき攻め込む「挨」、すかさず切り返す「拶」。相手に迫り心を交わす様子。

人は無意識に、
その人が発する挨拶の声に
その人のありかたを重ねる。

朗《ほが》らかで大きな声で挨拶をする人は、
周りの人を元気にしたい人。
鋭く短く挨拶をする人は、
目標のために一心に進みたい人。

あなたの今朝の挨拶は、
周りにどんな気を伝えたのだろう。

挨拶

# 人の輪ができていたら

いつも多くの人に囲まれている人がいる。
明るく楽しかったり、
仕事ができたり、
権力を持っていたり、
愛嬌があったりするのかもしれない。
不思議な魅力がその人にはある。

いざという時に人に囲まれる人がいる。
ここぞという時に決断できたり、
現場を一番見ていたり、
ただ話をよく聴いてくれるのかもしれない。
でもそれだけじゃない何かがある。

桃李不言
下自成蹊

とうりもの
いわざれども
したおのずから
けいをなす

桃やすももは物を言わないが、素晴らしい花や果実にひかれて人々が集まり、木の下に自然に道ができていく。徳のある人のもとには自然に人が集まるということ。

「集まれ！」と声をかけても
人はなかなか集まらない。
自分が求める何かがあるところに
自然と人は引き寄せられる。

ある日、自分の周りに
人の輪ができていることに気づいたら、
それはあなたがよく生きている証となる。

桃李不言下自成蹊

# 小さなかかわりが人生を彩る

「いつもありがとう」

ほんのひとことで、それまでの苦労が吹き飛ぶ。

「よくがんばったね」

そう言われて我慢していた涙がこぼれそうになる。

仲間から力いっぱい抱きしめられて
やってきたことは間違っていなかったと実感する。

大切な人が満面の笑顔を浮かべるのを見て
心からの幸せを感じる。

---

一滴《いってき》潤乾坤《けんこんをうるおす》

乾坤とは天地のこと。一滴のしずくが全宇宙を潤す。ひとつの教えがやがて天下に広まって、私たちもまたその恩恵をこうむっているという意味。

「いつまでも一緒にいよう」
突然、自分の人生の道に花が咲いたように感じる。

小さな我が子がはじめて歩き、
あっという間の成長を喜ぶ。

「お父さん、お母さん、ありがとうございました」
結婚式で長い親子の歴史を振り返る。

人生に刻まれる喜びの多くは
人と人のほんの小さなかかわりから生まれている。

一滴潤乾坤

# 必要なものはすべてある

何も持たずに生まれてきたのに
私たちは育ちながら
あらゆるものを獲得していく。

他人と自分の境界線をきっちりと引き、
他人と自分を見比べながら
他人が持っているものを
「自分も欲しい」と思ってしまう。

けれど、本当は
あの人や私の所有物も、
あの人の才能や私の能力も、

---

無一物中無尽蔵
むいちもつちゅう
むじんぞう

無に徹し、何物にも執着しない境地に達すると、宇宙に存在するものの皆が、全自己である。

すべて天からの借り物。
旅立つときにすべて天に返すだけ。

あなたはすでに
必要なものを天から
貸してもらっている。
たとえ自分が欲しいものとは違っても、
他の人が持っているものとは違っても、
あなた用にちゃんと貸してもらっている。
あなたに必要なものはすべてある。

無一物中無尽蔵

# 頼まれごとは天のきっかけ

昔話にあったのは
偶然掴んだ一本のわらしべを元に
最後は長者になった人。

どうなるかなんて
深く考えないまま
困った人に親切にしていただけ。
訪れた機会を受け入れていたら
どんどん豊かになっていった。

一所懸命に何かをしたわけじゃなくても
人として真摯に生きているだけで

---

行雲流水《こううんりゅうすい》

空を行く雲や流れる水のように、物事に執着しないで、自然の成り行きに任せながら行動してみる。

なぜだかいい流れになっていく。
欲や執着がないほど
天がくれる機会を
迷うことなく受け取れる。
誰かに頼まれたことがあれば、
それは天がくれたきっかけ。
素直に受け取ろう。

行雲流水

# 願っていたのと違っていても

少年はヒーローになりたかった。
地球を救う正義の味方になりたかった。
いまは会社員になり
失敗して周りに迷惑をかけることもある。

少女はお嫁さんになりたかった。
花嫁衣装を着て楽しい生活を送りたかった。
確かにお嫁さんになったが
生活が苦しく眉間にしわが寄っている。

幼い頃を振り返っては
夢に満ちあふれ楽しかった日々を思う。

池塘春草夢
ちとうしゅんそうのゆめ
池のほとりで幼い頃は夢を描いてばかりいた。若い頃は希望に満ちあふれ楽しい時期だが、同時にはかないものである。

けれども、
頭の中で夢を見ていることは
自分が主演の映画を見ているようなもの。
本当の楽しさも
本当の苦しさも
その向こうにある心の安らぎも
大人になったからこそわかるもの。
願っていたのと違っていても
幼い頃のあなたより
いまのあなたはカッコいい。

池塘春草夢

# 第三章　迷わない

# 乗り越える、と決める

「いまの仕事は私に向いているのか、向いていないのか？」
「これは、私がやるべきなのか、そうじゃないのか？」

どんな答えを期待しているのだろう。
「向いているから頑張りなさい」と
もう少しだけ、頑張る理由を探しているのか。
「それは、つらいから辞めたら」と
同情されて、逃げ出す理由を探しているのか。

そんなことを迷う時は、
いまの仕事に疑問を感じている時。
いま、目の前のことに集中できていない時。

## 滅却心頭火自涼

しんとうを
めっきゃくすれば
ひもおのずからすずし

分別妄想の心を滅し尽くせば、火そのものになり、熱く感じることもない。生死や物事へのこだわりを捨てれば、火すら涼しいという境地に至る。

その問いに「〇か、×か」を考えたところで
きっと、あなたを満足させる答えはない。
夢中になってやってみないと
見えないものが何かある。
まだ気力が残っているなら、
先に乗り越える、と決めて日々に向かうことだ。
もう一度、夢中になって挑戦し、
その後に振り返ってみればいい。
答えが自然に見えてくる。

滅却心頭火自涼

# あると思うから不安になる

なんとなく不安だったり、
なんとなく怖かったり、
なんとなく悲しかったり、
なんとなく腹が立っていたり。

私たちの心はきまぐれで
いつも揺れ動き
自分自身を戸惑《とまど》わせる。

けれども、その不安はどこにあるのだろう。
本当は「不安」なんてなくて
「不安がある」と思うから

---

達磨安心《だるまあんじん》

「不安な心を取り去ってください」と言った弟子に、達磨は「ではその心をここに出せ」と言った。「不安な心は形がないので出せません」と言う弟子、「そう、そこだ」と達磨は言った。

不安なのかもしれない。
幽霊がいると思うから、幽霊が怖いように。

ずっと心を探っていくと
不安や恐れの正体は
単なる思い過ごしだったり、
覚悟が足らないだけだったことがわかる。
よくよく心の底を見つめてみよう。

達磨安心

# まっすぐに伝える

最近の出来事や
お互いの知り合いの話をしていたら
あぁ、もう帰る時刻。
本当は話したいことがあったのに。

相手を傷つけてしまいそうなことを
言わなければいけない時、
さりげなく伝えたいと考えるあまり
なかなか話を切り出せない。

相手だって薄々気づいているのだ。
あなたが、その話をしたいことを。

単刀直入《たんとうちょくにゅう》
いきなり本題に入る、という意味。

どうせさりげなく言えないならば
丹田《たんでん》に気をこめて
開口一番、言葉を選びすぎず切り出してみよう。
それは、あなたが本当に伝えたい言葉。
たとえそれで相手の心が傷ついても、
スパッと切られた傷は治りが早いもの。

真剣な言葉は、まっすぐ相手の心に届く。

単刀直入

# 変わっているから、変わらない

一年中、緑を茂らす
立派な松の木。
季節によって姿を変えず、
まるで千年前から生えていたように
ただ悠然とそこにある。

けれども、
その葉は生まれ変わっている。
年中、ほんの少しずつ
枯れた葉を落とし、
新しい葉が生えている。

寒松一色《かんしょういっしき》千年別《せんねんべつなり》

寒中の老松は、千年の時代を越えて独り変わらず緑を茂らせている。つらく厳しい冬を越えて、まっすぐに変わることなく生きる。

職人として永く勤め上げている人たちも
まったく変わらぬ自分でいるために
まわりの変化にあわせて
知らないところで少しずつ
新しい技術を取り入れながらそこにいる。

日々、少しずつ努力して
見えないくらいの変化を遂げて
変わらぬように生きている。

寒松一色千年別

# よく生きるための稽古《けいこ》

武道、茶道、華道……。
古くから続く道《どう》を考え
習うことを稽古と言う。
古《いにしえ》のことを稽《かんが》える。

術を身につけるだけでなく、
その元となる精神を習い
いまに活かすことが「稽古」。

人生も時には「道」にたとえられ、
私たちがよく生きるためには
稽古を必要とする。

稽古照今
いにしえをかんがえて
いまにてらす

昔の物事や古いこ
とを考察していま
を考え、道理を明
らかにすること。

昔から伝わる言葉には
深くて豊かな知恵がある。
さまざまな解釈ができる言葉から
自分に必要な生きる知恵を
読み取ることで心が強くなる。
よく生きるための稽古だ。

稽古照今

# めでたい！　めでたい！

仕事がうまくいった日、
思いがけない「ありがとう」をもらった日、
諦めていたことができるようになった日、
自分で決めていた目標を達成した日、
自分のことを心から好きになれた日。

めでたい！
めでたい！
お祝いしよう。
この喜びを味わうために
自分にちゃんとご褒美をあげよう。

彩鳳舞丹霄《さいほうたんしょうにまう》

鮮やかな鳳凰が朝焼けの赤い空に舞う、壮大でおめでたい風景。

大げさに踊って、
喜びを表現してみてはどうだろう。
おいしいご飯を食べよう。
友達と語り明かそう。

今日はいい日だ！
昨日はつらく、明日はわからないとしても
今日はいい日だ。
今日を心から喜ぶことが、
昨日の自分を癒し、明日の力になってくれる。

彩鳳舞丹霄

# 立ち上がる力

生きていれば、
いろいろなことがある。

まさか、自分に…。
なぜ、私が…。
いのちの危険を感じることから、
感情が揺れる小さな出来事まで。

すべてが思い通りになるのであれば
それは一度引いた設計図を
なぞるような味気ない人生。

本来面目
ほんらいのめんもく
すべての人がもともと持っている、
自然のままの仏性。

ままならない人生を生きながら
それをどう引き受けていくかに
自分自身が現れる。

「人生なんて、そんなものさ」と
斜に構えないで。
必要な時は苦しみ、怒り、
泣き、叫び、嘆けばいい。
そして、また立ち上がる。
誰もがその力を持って生まれている。

本来面目

# 迷うとき、欲と欲がぶつかっている

「この仕事を続けるか、辞めるか」
「この人とつきあい続けるか、別れるか」
何か決断しようとするために
迷うとき、そこには欲がからんでいる。

「この仕事をずっと続けていても、成長できない。
でも、せっかく培った経験を捨てるのは
もったいない」とか。
「こんなに自分勝手な人とはもうつきあえない。
でも、こんな高収入な人は
もう現れないかもしれない」とか。

孤雲本無心《こうんもとむしん》

一片の雲がいささかも我を立てず、風のまにまに無心に天空を漂っている。何にもとらわれることなく、日常生活において自在に働くこと。

私たちは「欲」から、
新しい決断について考えはじめ、
別の「欲」によって迷う。

自分がどんな「欲」にとらわれているのか、
それを認めることから新しい道が見えてくる。

捨てるべき「欲」がわかると、
欲をひとつ手放すたびに
私たちはひとつ自由になる。

孤雲本無心

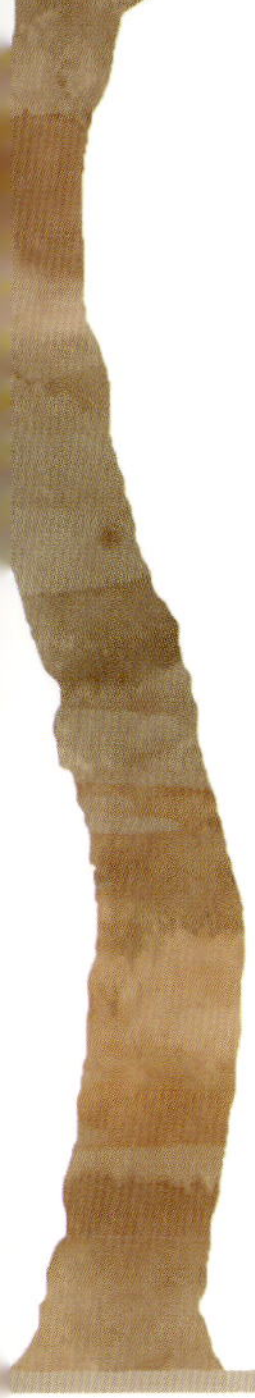

# 心の中に仲間がいる

同じ道を歩いている仲間がいる。
違う道を歩いていたと思っていたのに、
同じ場所を目指している仲間もいる。

一緒に食事をし、
一緒に笑える仲間がいるから
日々の喜びがある。

一緒に歩かなくても、
一緒に汗をかかなくても、
ひとたび語りあえば
思いが通じる仲間がいる。

---

把手共行《てをとってともにいく》

手に手を取って、
共に歩いて行く。

友達百人つくってもいい、
親友一人だけでもいい。
仲間がいると思うだけで
人はとっても強くなれる。

把手共行

# 人生は、あなたのことを甘やかさない

若い頃の苦労は買ってでもしろ、
と言うけれど、
突然、病気や事故や事件に巻き込まれると
「なぜ、この時に」
「なぜ、私が」
という問いが頭の中でうずまき、
理不尽な運命を呪いたくなる。

そういう「時」なのだ。
なぜあなたなのか、なぜこの時なのか、
それはきっといずれわかる。
あなたの人生は、あなたのことを甘やかさない。

**楓葉経霜紅**《ふうようはしもをへてくれないなり》

楓の葉は厳しい霜が降りて初めて真っ赤に紅葉する。人も厳しい経験を経て、素晴らしい人格になっていく。

過酷に見える人生が
あなた自身を磨いてくれる。

けれど、時は必ず過ぎていく。
辛くてもその時をまっすぐに突き進めば
あなた自身は以前よりも強くなり、
人にも優しくなった
自分を見つけることができる。

楓葉経霜紅

# ここまで、と決めない

もうこれでいい、とか
ここまで頑張ったから、とか
足を止めたくなったら
ふ〜っと息を吐いて
姿勢を整えて
もう一度だけ向かってみる。

筋肉は一度切れることで
強く太くなるように、
いまある力を出すだけでは
昨日と今日は変わらない。

白珪尚可磨《はっけいなおみがくべし》

完全無欠の清らかな玉でも、さらに磨き続けるべきである。つねに向上を目指して悟後《ごご》の修行に打ち込むべきである。

自分でも信じられないような
力を出せたとき
昨日よりちょっと成長した自分を感じる。

ここまで、と
限界を決めてしまうのは
もったいない。
諦めずに、コツコツと、
意志を持ってもう一歩進めてみよう。

白珪尚可磨

# どれくらい好きか、聞かない

「どれくらい私が好き？」

「私のどこが好きなの？」

「いままでの人と私と、どっちが好き？」

「私のいいところはどこだと思う？」

「私がいなくなったら、どうする？」

「私があなたのこと嫌いになったら、どうする？」

そんな言葉を投げかけて
愛を確かめようとしてもダメ。
本当に欲しい答えが返ってくるわけがない。
陳腐な言葉で返されても
心がもっと収まらなくなるだけ。

---

**拈華微笑《ねんげみしょう》**
釈迦は無言で蓮華の花一枝をかかげ、皆を見た。一同、何のことかわからず戸惑ったが、弟子の一人だけが、微笑んだ。それを見た釈迦は、その弟子に仏法の根本を伝えると宣言した。

そんな時には、
ただニッコリと微笑んでみよう。
相手もきっと、
ニッコリ微笑んでくれる。

「私はあなたが好き」
微笑みにのせて語りかけ
微笑みで愛を感じよう。

拈華微笑

# 素敵な友が欲しいなら

素敵な友が欲しいならば、
自分を見つめなさい。
本当の知恵をつけなさい。

自分の弱さを知って
謙虚に変わろうとしなさい。
自分の傲慢さを知って
感謝の心を身につけなさい。

昔の知恵を学びなさい。
知恵から学んだことを
いまの自分の生活にいかしなさい。

---

徳不孤《とくはこならず》

徳のある人は孤立したり、孤独であったりはしない。真に徳があれば、それを理解する人や教えを請う人が必ず集まってくる。

穏やかに
楽しげに
けれども淡々と生きていなさい。

そうしていれば、
人があなたの周りに寄ってくる。
お金がなくても
地位がなくても
あなたの方から人に擦り寄っていかなくても
きっと素敵な友ができる。

徳不孤

# 苦しさを解き放とう

澄んだ心を持つとは、
いまに生きること。

できなかったことや
してしまったこと、
言えなかった言葉や
言ってしまった言葉が
いつまでも心の中に漂っていると
濁《にご》ってしまう。

過ぎ去ったことを
消しゴムで消すように

白雲自去来《はくうんおのずからきょらいす》

白雲は妄想や煩悩などの例え。雑念や迷いも姿形を変え、煩悩も浮かんでは消える雲のようで留まるものではない。

なかったことにはできないけれど、
その事実を何度も思い出して
苦しみを味わう必要はない。

掌にその苦しみを一度しっかり握ったら、
ふぅっと吹き飛ばしてしまおう。
苦しさを解き放ち、
過去へのとらわれから抜け出そう。
澄んだ心で、いまを生きよう。

白雲自去来

# つぶやかない日をつくる

自然は自らの美しさを主張しない。
誰かが感動してもしなくても、関係ない。
山も川も海も、ただそこにあるだけだ。

いまを生きている私たちは、
自分の思いや日々を
Twitterで、Facebookで表現し、
主張する。
自分の心をつぶやく時には、
読んでいる人の視線を意識する。
「いいね」が押して欲しくなる。
それが自分の正直な気持ちなのか、

**遠山無限《えんざんかぎりなき》碧層々《へきそうそう》**

遠い山々が連なって、緑を幾重にも重ねてどっしりとしている。余分な言葉や思考がいらなくなるほど美しい風景を表した言葉。

ふと不安になる。

こんな時代だからこそ、
ありのままに生き、
あるがままに行動する人の潔さは美しい。
どんな風に思われても、関係ない。

大切な一日は、あえてつぶやかない。
その方が自分の気持ちを
自分だけで鮮やかに味わえる。

遠山無限碧層々

# 欲があるから、捨てられる

「良いことと、悪いことの
分別を持って生きなさい」と
小さな頃に育てられたが。
大人になって、
それはそんなに簡単じゃないと気づく。

誰かに優しくすれば、
良いことをした見返りを
期待している自分がいる。
けれども、
そんな自分に気づくことで
もっと謙虚に生きようと思えるようになる。

---

煩悩即菩提《ぼんのうそくぼだい》

煩悩があるからこそ、悟りを求める「菩提心《ぼだいしん》」も生まれる。煩悩を離れて菩提は得られないし、菩提なくして煩悩から離れることはない。

欲にまみれる自分と
欲から逃れようとする自分、
それは別々のものではなく
表と裏の両方があってできている
一枚の紙のようなものだ。

さまざまな欲を持つ自分がいるから
欲を捨てようと努力ができる。

煩悩即菩提

# あなたの人生を誰かに預けてはいけない

誰かを責めたくなるとき。
ふーっと息を吐き、
自分を見つめてみる。

あなたの人生に起こったことは
すべてあなたの問題で、
他の誰かの問題ではない。
誰かのせいにして、
あなたの人生を
誰かに預けてはいけない。

その人に任せていたのは誰？

随所作主
立処皆真

ずいしょに
しゅとなれば
りっしょみな
しんなり

いつどこにいても、
主体性を持って一
所懸命取り組めば、
至るところ皆真実
の世界である。

ここまでその事態を確認しなかったのは誰？
自分の責任を見つめてみる。
期待通りに動いてくれるはずだと考えた
自分の身勝手さを、
その人を断罪しようとしている
自分の傲慢さを見つめてみる。

相手を責めずに
自分の問題として対処できたとき
どこにでも一歩進んでいくことができる。

随所作主立処皆真

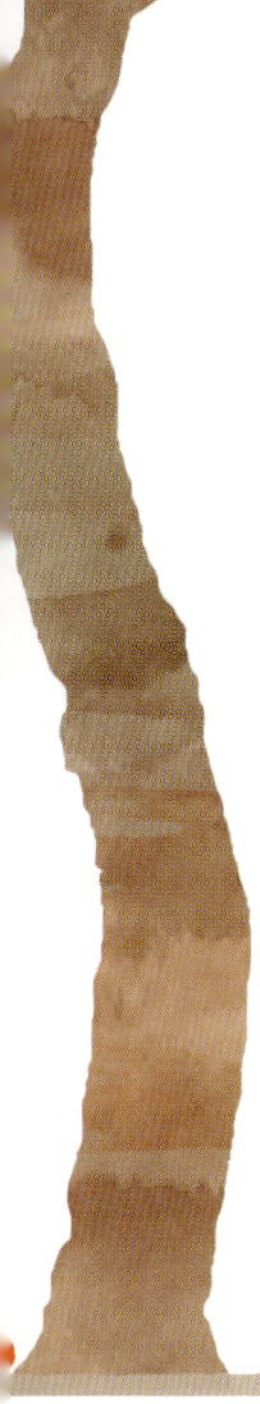

# 学んだら、行動しよう

自信と傲慢はべつのもの。
傲慢とは、
自分が誰よりも何かに秀でているという誤解。
見えている世界が狭いのだ。

自信とは、
自分自身の強さや美しさだけではなく
弱さも醜さも理解し、
弱いからこそ成長しようと
学んだからこそ実践しようと
進んでいくことができる自分を
認めることだ。

---

**百尺竿頭進一歩**《ひゃくしゃくかんとうにいっぽをすすむ》

悟りを開いたからといって高みでそのまま安住してはいけない。その悟りよりもさらに一歩進み、行動することに意義がある。

誰かと比べる必要はない、
誰より秀でる必要もない、
自信に根拠は必要ない。

そんな自信が持てたなら、
自分が持っているすべてを使って
何かに取り組んでいこう。
高い志を持てた人こそ
次に行動していくことが大切だ。

百尺竿頭進一歩

# うまくいかない時もある

不思議なもので人生は
あぁやっと一段落、と思った時に
次の事件がやってくる。

大きな仕事が片付いたと思ったら
恋人にふられたり。
念願の家を建てたとたんに
転勤が決まって単身赴任。
仕事のチャンスがきた時に
妊娠したり。
子育てが終わったと思ったら
親の介護がはじまったり。

松老雲閑
しょうろううんかん
老いた松のように、静かに流れる雲のように、ゆったりと自然のままに心を任せて生きること。

悠然と構えることなんてできず
そのたびに一喜一憂、茫然《ぼうぜん》自失《じしつ》。
できることは
ただその事実を受け入れること。
自らの人生を恨むことなく、
他人を妬《ねた》むことなく
焦ることなく、
いま、この時を淡々と生きること。

松老雲閑

# ひとことで叱ろう

ひとことで叱ろう。
よくない行動に気づいたら
行動を起こした後すぐに、
そのことだけをスパッと叱ろう。

後から「ちょっといいかな」と呼び出したり、
手紙に書いたり、
会議で問題にしたりせずに。
「いつもそうなんだから…」と
ひとくくりにせずに、
「以前に言ったでしょ」と
過去の出来事を持ってきたりせずに。

---

吹毛剣
すいもうけん
鳥の羽を吹き落とすとスパッと切れてしまうほど、切れ味の鋭い剣。修行者の煩悩を断ち切る、鋭い働きの意味。

ひとことで褒めよう。
よい行動だと思ったらすぐに褒めよう。

叱る理由は、その行動を止めるため。
褒める理由は、その行動を繰り返させるため。
どの行動なのか、相手がよくわかるよう
その場で、すぐさま伝えてあげよう。

吹毛剣

# すべてが自分の仕業

誰かを責め続けたり、
不満をぶつけ続ける人が
少しだけうらやましく思えることがある。
うまくいかないことは他人のせいにして
自分を正当化すれば
自分の愚かさに苦しまなくてもいい。
けれども、それは見苦しい。

すべてのことが
自分の行動の結果であると考えると
誰も責めることができない。

自灯明《じとうみょう》

自らを灯火とせよ。他者を頼らず、自分をより所として生きなさい、という教え。

それは厳しい道だ。
けれども、すがすがしい道だ。

誰かに頼りすぎることもなく、自分で歩く。
相手の行動に対し
怒りも悲しみもなく、
ただその人をその人として受けとめる。
自らの心の灯火に導かれるまま
生きていけばいい。

自灯明

# 第四章　こだわらない

# 迷うための時間はない

始めようか、やめておこうか、
どちらが得なのか、と
悩む時間はもったいない。

形あるものの価値は
金額や質量で計れるけれど、
形のない「経験」の価値は
計るに適した物差しがない。
どちらが得なのか計れないのに
考えたって、迷うだけ。
どんどん始める意欲が薄らいでしまう。

無常迅速《むじょうじんそく》
現世の物事の移り
変わりはきわめて
速い。時間を無駄
に過ごさず、一瞬
一瞬を大切にせよ。

最期の時を迎えた時に
多くの人が思うのは
「やっておけば良かった」だという。
「やらないで良かった」と言い残す人は少ない。
どんな経験になったとしても
やってみなければ
何も気づかず、何も学べず、何も変わらない。

人生はあなたが思うほど、
迷うための時間を用意しておいてはくれない。

無常迅速

# 年を重ねるのも、いいものだ

こんな自分ではダメだ、と
あんな自分でありたい、と
自らを厳しく見つめていた若い頃、
勝手に生きているように見える人に
腹が立ったり、
努力をしていないように見える人に
失望を感じたり。

けれども、ある日気づく。
人に対して
以前よりも少し優しくなっている自分に。
嫌いな人が減っている自分に。

十年帰不得
忘却来時道

じゅうねんかえることをえざれば
らいじのみちをぼうきゃくす

十年も家に帰らずにいたら、来た道を忘れてしまった。長い間、修行を続けるうちに、悟りを手に入れたことさえ忘れてしまった、ということ。

そしてその分、
自分のことも
認められている自分に。

何があんなに気に入らなかったのか、
いまではもうわからない。
機嫌のいい時間が増えていく。
それが年を重ねていくということならば
結構なことだ。

十年帰不得忘却来時道

# 小さな風で倒れない

人生には八つの風が吹いているという。

目先の利益を得たり、
知らぬ間に名誉を受けたり、
人から褒められたり
楽しいことに夢中になったり。

自分の意に沿わない損失が出たり、
知らないところで悪評がたったり、
目の前で責められたり、
突然苦しい出来事があったり。

**八風吹不動**《はっぷうふけどもどうぜず》

人生には、人の心を惑わす八風が渦巻いている。どのような風が吹こうとも過剰に反応せずに、心を静かに持つことが大切。

良いことや、良くないことは人生にはつきもので、
それらは全部、風のよう。
風が吹くたび、感情の葉は揺れ動き、
その一瞬の喜怒哀楽が人生を豊かにする。
けれども風が吹き抜ければ
それはもうすべて過去のこと。

小さな風であなたの樹を
倒してはいけない。
どっしりとした、あなたの根を育てよう。

八風吹不動

# 「まだ」と「もっと」は、セットです

お金がなくては幸せになれない、
美人じゃなくては幸せになれない、
頭がよくないと幸せになれない…。
幸せに条件をつけると、
いつも悩みがつきまとう。

「まだ足りない」と思う人の心には
「もっと欲しい」が
いつもセットで現れる。
いつまでたっても満ち足りない。
いつまでたっても幸せになれない。

知足《ちそく》
このままで充分に満ち足りていることを自覚し、それ以上を求めない。

すべてが満たされていなくたって
幸せにはなれる。
そんなこと
本当はきっと気づいているはずなのに。

知足

# 気分に支配されない

朝、カーテンを開けると広がる青空。
う〜ん、今日もいい日になりそうだ。

いつもの通勤電車に間に合わず、乗れなかった。
しまった、今日は幸先悪いなぁ。

身の回りの出来事や
家族や上司の機嫌や
友達や恋人との会話で
私たちの気持ちは揺れ動く。
上がったり、下がったり、
人の心は移ろいやすい。

心随萬境転《こころはばんきょうにしたがっててんず》
人の心は、環境や
出来事に惑わされ、
移ろいやすいもの
である。

喜怒哀楽を感じることは
当たり前のことだけれど
その気分に支配されなくてもいい。
お天気はあなたの一日には関係ないし、
通勤電車に間に合わなかったのは
出るのが遅かっただけのこと。
出来事に執着せず
ほんのり微笑み、ほんのり悔しがり
今日も穏やかに過ごしていきたい。

心随萬境転

# ゴミはゴミ箱へ

心がつまらない思いで
いっぱいになっていると
いい思いが入らない。

まるで、ゴミ箱みたいに
なっていないだろうか？
いまのあなたの
心の中には一体どんな思いが
詰まっているんだろう。

全部、紙に書き出してみる。
言葉にしたことがないことも

放下着
ほうげじゃく
捨てちまえ。放《ほう》っ
てしまえ。思慮分
別や一切の執着、
悟りを開いたとい
う自負をも放り捨
てるべきである。

誰にも見られないように
誰にも知られないように
言葉にして、見つめてみる。

つまらない思いは
小さく小さく破って、
本物のゴミ箱に放《ほう》り投げてみる。

あなたの心は宝箱。
美しい思いで満たされながら
すっきりと整っているのが、ふさわしい。

放下着

# 過ぎた出来事に振り回されない

１万円当たった宝くじ。
もう一度当てたい。
３００円で１万円が当たったから
３万円買えば１００万円が当たるだろう。
今回はダメでも、
次回は当たるかもしれない。

喜びが忘れられなくなってしまう。
同じようにやってみようと試しては
いつの間にか
手に入れたものよりも
失ったものの方が多くなる。

---

**好事不如無**《こうじもなきにはしかず》

良い出来事でもない方がましだ。人はいいことがあればそれに執着しがちで、さらにいいものを求めてしまう。良い悪いをわける心を捨て、執着を手放そうという教え。

たった一度の幸福感に引きずられ
身を滅ぼすこともある。
幸運が巡ってきたことが不運だったと、
周りから言われる人もいる。
何が幸運で、何が不運なのか、
それは誰にもわからない。
引きずってしまうのならば
幸運なんてない方がいい。
過ぎたことに
人生を振り回されてはつまらない。

好事不如無

# 心に砂嵐が吹き始めたら

どうして自分が
こんな目にあわなくちゃいけないんだろう。
どうしてあの人は
あんなひどいことをするんだろう。
せめてあの時に、ああしていればよかったのに。
自分がもっと強かったなら、よかったのに…。

心に砂嵐が吹き始めたら
まずは立ち止まろう。
あなたの心が砂で埋もれる前に。

この嵐はどこから吹いているのだろう。

---

## 時時勤払拭

じじにつとめて
ふっしきせよ

心はつねに払ったり拭いたりして、煩悩の塵《ちり》や埃《ほこり》をつけないようにせよ。

ずっと探っていってみよう。
プライド？　損得？
あなたの中の善悪？
あぁ、こんなことだったのか、と
砂嵐の原因を自分の心に見つけるまで。

嵐の元が見つかったなら、
これ以上そこにいる必要はない。
心に積もった砂をさっさと払いながら、
嵐の中を出て行こう。

時時勤払拭

# すべてが自分に返ってくる

会社での人間関係を良くしたいならば
まずは家族との関係を改善しよう。

仕事をうまくやりたいならば
地域のために
ゴミ拾いでも始めたらどうだろう。

もっと決断力を持ちたいならば
山登りをするのはどうか。

私たちの日常はつながっていて
どんな場でも自分を磨くことができる。

---

歩歩是道場《ほぼこれどうじょう》

座禅をしている時だけでなく、日常生活の一挙手一投足・行住《ぎょうじゅう》坐《ざ》臥《が》が修行場である。

ひとつの場で磨かれると
他の場にいる自分も変わっていく。

修行者のように坐禅をしながら
自分だけを見つめて修行しなくても
日常生活の中で
自分に向かう機会はたくさんある。

すべての場での行いが自分自身に返ってくる。
どんな場もあなたを生かすための道場だ。

歩歩是道場

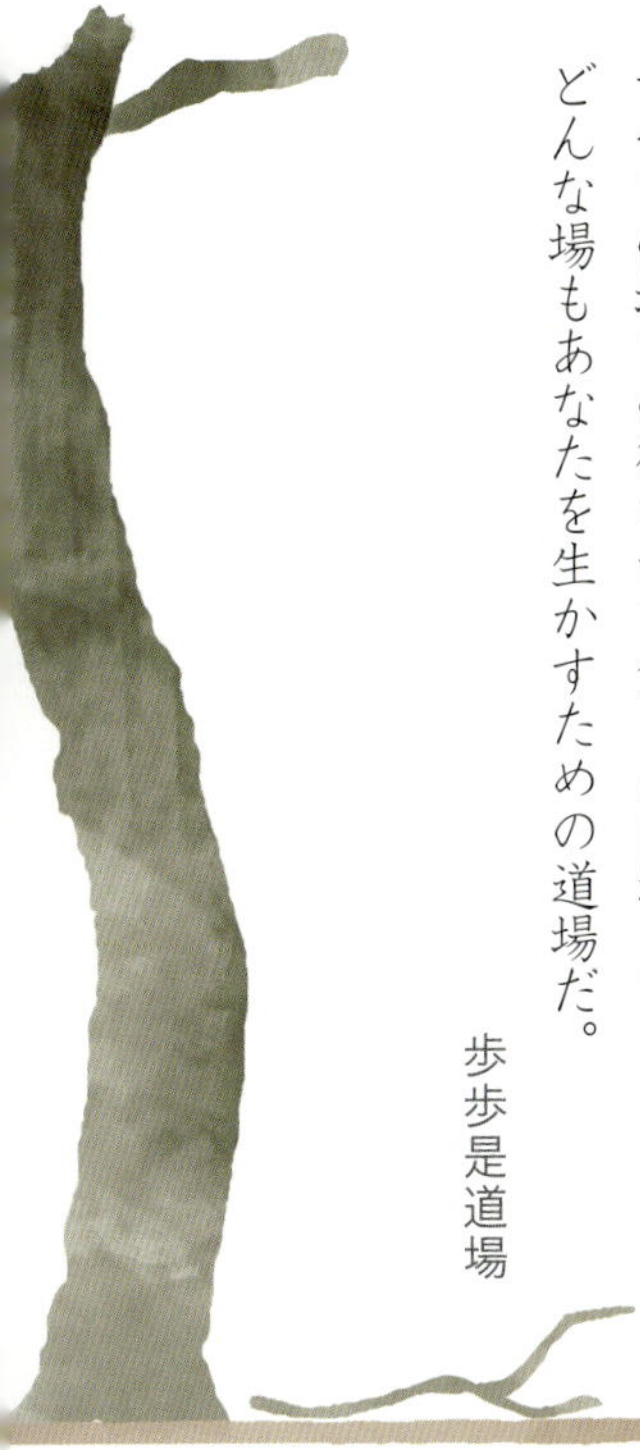

# 毎日の汚れをためない

片付け上手な人は
日々、少しずつ片付けている。
いらないものはさっさと捨てて、
大概、多くの物を持っていない。
部屋にいつでも誰でも招待できる。

部屋と心はよく似ている。
心の片付け下手な人は
過去の出来事や未来への不安を
整理できずに
ゴチャゴチャと並べ、
誰にも自分の心を見せられない。

洗心
せんしん
つねに自分の心を
点検し、汚れをた
めないように心を
洗う大切さを言う。

毎夜、自分の心を見つめてみよう。
今日の出来事を反省したら
次への心がけに変えて、あとは捨てる。
明日への漠然とした不安があれば
見つめた上で、流してしまおう。
心の中がすっきりしていれば
自分の心を隠す必要がなく、
いつも正直に生きられる。

洗心

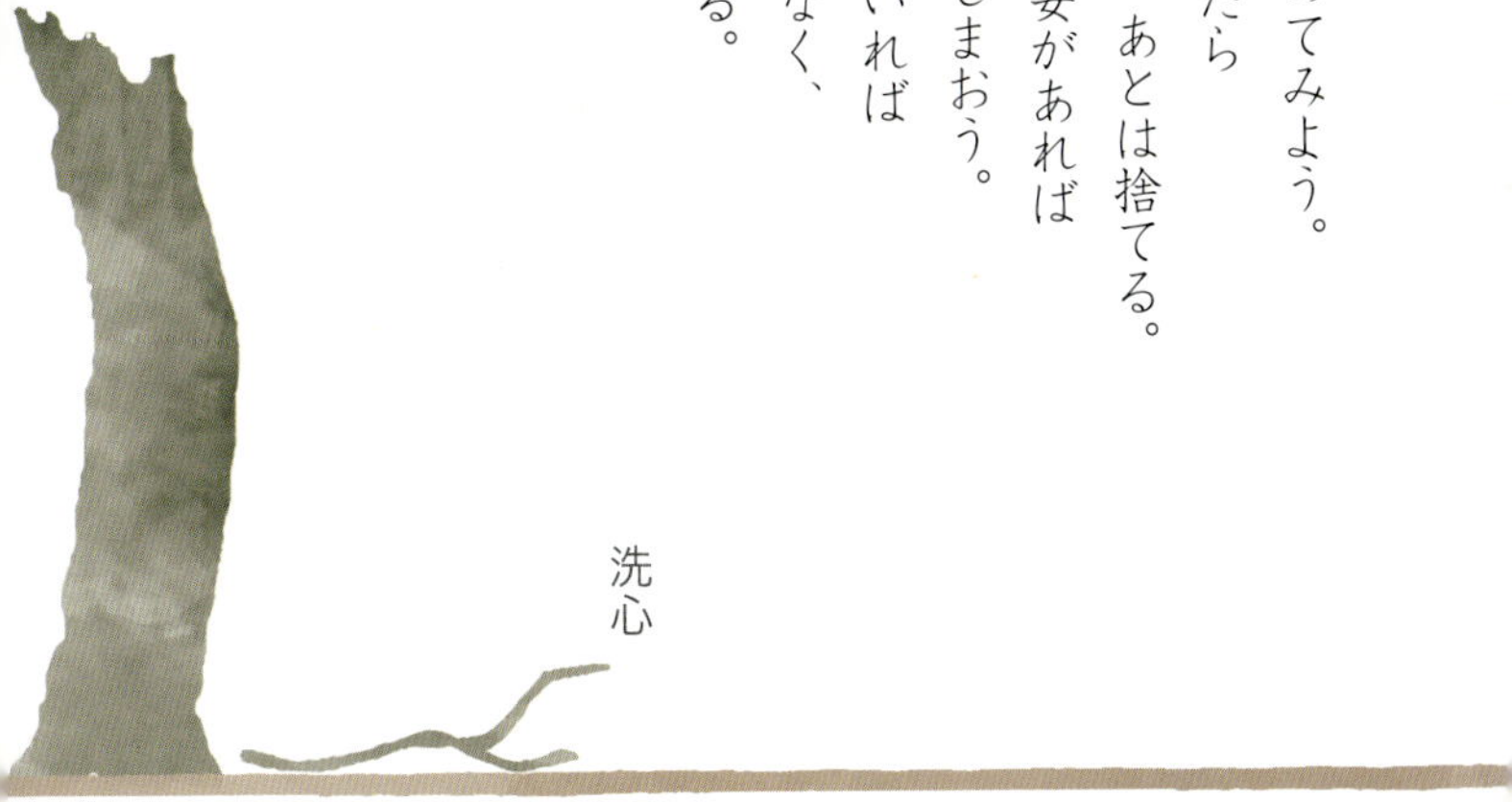

# ただ祈る

相手のことを
一所懸命考えて、
できる限りのことをして、
それなのに
気持ちを踏みにじられるようなことをされ、
もうできることはない、と思ったら。

願いましょう。
その人に幸せが訪れることを。

あなたのやり方は気に入らなかった
その人にも

以心伝心
いしんでんしん
真理は文字や言葉では伝わらず、心から心へ直接伝えられるもの。

いつかきっと、
あなたの気持ちは伝わるから。
心は心に届くはず。
ただ時が必要なのかもしれない。
それを信じて待ってみよう。
その人のために祈ろう。
その人の幸せを願おう。

以心伝心

# わたしはなりたい

いつも静かに部屋の隅にいて、
いま何が起こっているのか
知っている。
意見を求められれば
短い言葉で話をし、
違う意見にも耳を傾ける。
誰かに褒められることも求めず、
邪見に扱われてもひねくれず、
リスクを理解しながら
悲観的にもならず、
楽観的だけれど努力も怠らない。

閑古錐
かんこすい
長年使い込み、鋭さを失った錐《きり》。道具としては使えないが、年月を経て円熟した魅力を持つ。

失敗しても引きずらず、
成功しても有頂天にならず、
自分の感情を押し殺さず、
他人の感情を大切にして。
理不尽なことを時には受け入れ、
理不尽なことと時には闘う、
目立たないけれど誇り高い。

そういう人に
わたしはなりたい。

閑古錐

# 本当の友

うまくいかなくなった時に
本当の友がわかる。

お金がなくなれば去って行く人は
あなたに施されることを求めていた。
地位がなくなれば去って行く人は
引き上げてもらうことを求めていた。
あなたの良くないところが
わかって去って行く人は
あなたに善を求めていた。
弱さがわかって去って行く人は
あなたに強さを求めていた。

---

**銀椀裏盛雪**
ぎんわんりに
ゆきをもる

銀色の椀に雪を盛っていると、一見すると同じものに見えるが、よく見るとそれぞれ別物である。同じように見える物事の中にも、はっきりとした区別があるという教え。

お金や地位がなくても、
良くないところや弱いところがあっても
あなたはあなただから、と
一緒に笑い合える友達が
本当の友だ。

銀椀裏盛雪

# 春がくるのを待てばいい

春がくれば、
雪が解け、
芽が出て、
花が咲く。

種なんて蒔いた覚えがない土からも
草木が芽吹く。
それは春になったから。

努力しても、努力しても、
結果が出ないときがある。
焦る必要はない。

---

春来草自生《はるきたらばくさおのずからしょうず》

春がくれば、自然に草は生えてくる。人はそれぞれしかるべき時が来たら、道が開かれていくという意味。

そう、きっとまだ春が来ていないのだ。
たいした努力もしていないように見えるのに
とんとん拍子にうまくいく人がいても、
妬む必要もない。
自分の機が熟すのを待とう。
春夏秋冬、いつかは巡る。
あなたにもきっと春がくる。

春来草自生

# 死ぬまで生きる

自らの意志には関係なく
生まれ、
その日が来たら
自らの意志には関係なく
死んでいく。

自らの人生に
多少の後悔はあっても
未練はなく、
「あとはよろしく」
と言うまでもなく
残る人の人生を信じ、

紅爐上一点雪《こうろじょういってんのゆき》
紅く燃える炉の上
に舞い落ちる雪の
ひとひらのように、
欲や迷いや生への
執着を瞬時に消し
て跡形も残さない。

死ぬもよし、生きるもよし、と
さらりと
その時を迎えたい。
だから、その時がくるまで
与えられたいのちを懸命に生きる。

紅爐上一点雪

# 第五章　受け入れる

# 受け入れることから始まる

ひとつの場所で結果が出ないと
すぐに場所を変える。
ちょっと試しては
次もうまくいかないと、また移る。

そんな自分に気づいたら
一度足を止めてごらん。

あなたが、ここにいることは
決して偶然ではない。
ここにいることには意味がある。
あなたの望んだ通りではなくても、

直心是道場《じきしんこれどうじょう》
自己のありのままの心があれば、あらゆる場所が魂を鍛える道場となる。

ここで学べることがきっとあるはず。
ここがあなたの生きる場所。
いま、ここで生かされている自分、
いま、ここで起こっていること、
ぜんぶを丸ごと受け入れることから
あなたの学びが始まる。

直心是道場

# その人の時を待つ

がんばれ、がんばれ、と
周りが必死になっても、
その人が本気にならなければ
結局、何も変わらない。

その人には、その人の「時」がある。
あなたとは違う「時」がある。

その時がくるのをじっと待つ。

どんなに時間がかかっても、
いつかきっとその日がくると、

---

啐啄同時《そったくどうじ》

雛が卵から産まれ出ようとする時、内から卵の殻をつつくことを「啐」。親鳥が外から殻を叩くことを「啄」と言う。この「啐」と「啄」が同時にあって殻が破れて雛が産まれる。師弟、夫婦、朋友、主客の間の機を逃さない一体一如の素晴らしい働きのこと。

悲しみも怒りも持たずに
やさしく待ち続けることは
あなたにとっての修行かもしれない。

その人が立ち上がる気持ちになった
その時こそが
手を差しのべる時。

啐啄同時

# 見返りのない人生

人知れず良いことをしてきた。
多くのことを努力して学んだ。
期待に応える仕事をしてきた。
落ち込む人には声をかけてきた。
後輩にはチャンスをあげた。
一所懸命生きてきた。

なのに、なぜ幸せが訪れないの？
なのに、なぜこんな不幸がやってくるの？

頑張れば必ずいい結果になる、と
学校の先生は教えてくれたけれど。

無功徳《むくどく》
どんな功徳もない。禅は無心の行為を貴び、決して見返りを期待しない。果報をあてにしてはいけないという意味。

頑張っても、
頑張っても、
思わぬところに落とし穴。
頑張ったのにうまくいかない。

けれども波風の高い人生を乗り越えることで、
その人は清く強く美しくなっていく。
「こんな人生もあるね」
と笑えるようになったとき
いつでも幸せに生きられるようになる。

無功徳

# 言葉はすべてを伝えられない

なぜ人は生きるのか。
生きるとは、どういうことなのか。
なぜ人は愛するのか。
なぜ私は私として生まれてきたのか。

誰も教えてくれない。
答えをくれない。
考え抜いて言葉にしても、
何かが足りなかったり、
どこか言い過ぎているような気がする。
言葉だけでは言い尽くせないことがある。

---

教外別伝《きょうげべつでん》

仏の教えは、文字や言葉ではすべてを伝えることはできない。実際に体験・実践してみることで、真に学び、自分のものにすることができる。

仲間と一緒に汗を流し、
何かを成し遂げた瞬間に
生まれてきた意味がわかることがある。
誰かのために頑張って、
その人の笑顔を見た瞬間に、
人を愛する大切さがわかることがある。
言葉で説明できなくても
あなた自身が感じたならば
それでいい。
その実感から学べばいいのだ。

教外別伝

# 歩いても、座ってもいい

どこに行ってもいい出会いがあり、
何をやってもうまくいき、
毎朝起きるのが楽しい時がある。

どこに行っても足をひっぱられ、
何をやってもいい結果が出ず、
うまく眠れない時がある。

生きていれば
晴れの時も、雨の時もある。
晴れた日は、大勢の人と一緒に
楽しく歩き回ればいい。

---

**晴耕雨読《せいこううどく》**

晴れた日には外で田畑を耕し、雨の日には家の中で読書をするように、自然や状況に合わせて思いのままのんびりと生活する。

雨の日には、ひとり傘に隠れながら
下を向いて座り込んでもいい。

そうそう、そんな時もある。
「こうしなければ」なんて思わずに、
逆らうことなく生きていけばいい。
雨もよし、晴れもよし。

晴耕雨読

# 特別なことをしない

生きていくのが苦しくて
あの本もこの本も読んだし、
あの人の話も聞きに行った。

でも、まだ足りない。
何をしたら、
もっと楽になれるんだろう、と思ったら。

いっそのこと
特別なことを何もしない
というのはどうだろう。

---

無事是貴人《ぶじこれきにん》

無事とは、外に向かって求める心を捨て切った安らぎのこと。迷悟《めいご》共に超え、心にかかる何物もなき境地の人。

ただ、目の前の仕事に向かい
上達するように努力を続ける。
ただ、目の前の人に向かい
その人の役に立つことだけを考える。
新しい仕事を妄想せず、
見えない人を気にしない。
昨日も今日も明日も同じように過ごし、
食べるときは食べ、寝るときは寝る。

生きていくのが
すこし楽になる。

無事是貴人

# 続けていくと、景色が変わる

何かひとつを続けることができる人は
ものごとを習慣にできる人。

朝起きたら顔を洗って、歯を磨いて、
トイレの後は手を洗う。
同じように毎日の日課の中に
運動や学びを入れていく。
完全に日常になってしまうと
そのすごさに気づかないが、
時の重なりは、
それだけで大いなる力だ。

---

**枯木花開劫外春**

こぼくはなひらく
ごうがいのはる

枯れ木に花が咲くように、厳しい修行を続けていると、突然悟りが開かれて永遠の春がやってくることがある。

続けていくとそれだけで、
ある日突然、前とは違うステージに
立っていることに気づく。
ものごとの上達は
坂道ではなく、階段を上るようになっている。
階段を一段上ると、見える景色が変わるのだ。

ある日突然、蕾が花開くように
できなかったことが、できるようになる。
わからなかったことが、わかるようになる。

枯木花開劫外春

# 誰も見ていなくても

誰かのために頑張ることは尊い。
けれども、
そこに見返りや感謝を望む気持ちが
少しでもあるとしたら
それは最終的に
自分のためにやっていることだと
わかっておいた方がいい。

自分のためなのだから、
感謝されなくても
気づかれなくても
うっとうしがられても

百花為誰開《ひゃっかたがためにかひらく》

花は誰のために咲くのか？人から愛でられるためではなく、大自然の営みの中で時期がくればただ咲くのだ。

いいのだと気づこう。

感謝さえ求めず
無償で頑張れる自分を誇りに思おう。
その行動を見ている人はいなくても、
あなた自身はしっかり見ている。
そして天もあなたを見ている。

百花為誰開

# すべての母が祈る

あなたはあなたであることで、
ただそれだけで素晴らしく、
あなたを産むことができたこと
ただそれがうれしくて、
あなたの成長を見守り、
喜び、心配し、叱り、
親として何ができるのかと問い続け、
本当にこれでよかったのかと迷い、
結局、最後には
手を放すことしかできないことを知り、
その背中を見ながら
両手をあわせて涙する。

天上天下《てんじょうてんげ》
唯我独尊《ゆいがどくそん》

この世において「我」より尊い存在はないということ。そして同時に、皆それぞれが尊い存在であるということ。

どうぞ、
どうぞ、
どうぞ、
あなたがあなたであることに
誇りをもって
胸を張って生きてください。

天上天下唯我独尊

# また、春がくる

春が来て、
夏が来て、
秋が来て、
冬が来て、また春がくる。

私たちのいのちも
ある日生まれ、
いずれ天に帰っていき、
新しいいのちがどこかで始まる。

始まりは終わりで、
終わりが始まり。

---

○（円相《えんそう》）
絶対的な真理のひとつの表現で、言葉では説明できない悟りの象徴。

その大きな循環の中で
小さな私たちは生かされており、
小さな営みの重なりが大きな循環をつくる。

私たちも
大きな自然を構成する
一つのいのち。
巡る流れのその中で、
自然に逆らうことなく生きていこう。

○（円相）

## ―禅語について―

禅宗は、釈尊が菩提樹の下で悟られた、その悟りをみずから直接体験することを唯一の目的とする仏教です。禅で大切なことは、教典の言句によるのではなく、自身の体験によって教典の心をストレートに悟るということです。その修行僧の迷いを断ち切り修行に向かわせるために、師匠たちから発せられた言葉が「禅語」です。そのため禅語は無数に存在しており、短く指し示した一句の中に、先人たちの禅の心や悟りの境地が込められています。

禅語の難しさは言葉自体の難しさではなく、その言葉が持つ意味の読み取り方にあります。短い言葉だからこそさまざまな解釈ができ、文字通りの読み取り方だけでは浅く、修行者たちにとってはそれをどう読み取っていくのかも修行の一環となっています。

この本は禅語そのものを勉強するためのものではありません。禅語の心を毎日の生活に活かしていただくための本として、禅語の解釈そのままではなく、できるだけ日常的な言葉やシーンを切り取ってその心の一端を伝えています。

実際にはもっと深い意味を持つ言葉もあります。読者の皆さんには、これをきっかけに奥深い禅語に興味を持っていただけることを期待しています。知れば知るほど禅語の深さや面白さが伝わることと思います。そして、学べば学ぶほど生きていくことも楽になっていくのではないかと思います。

## 監修

武山 廣道（たけやま こうどう）

1953年生まれ。73年、正眼専門道場入門。天下の鬼叢林（おにそうりん）といわれた正眼僧堂にて多年修行。96年4月、白林寺住職に就任。2011年3月、全国宗務所長会会長就任。12年、臨済宗妙心寺派宗議会議員・名古屋禅センター長・文化センター講師など宗門の興隆に勤しむ。監修書に『心があったまる般若心経』『くり返し読みたい禅語』『お寺の教えで心が整う　禅に学ぶ　台所しごと』（以上、すべてリベラル社）などがある。

禅宗では「坐禅」をして修行をします。正しい坐禅を繰り返し、正しい呼吸法をしていれば、心は調えられます。白林寺では、毎月1回坐禅会を行っており、一般の方も多くいらっしゃいます。忙しい日常の中で自分を見つめる時間がなかなかとれない方こそ、静かに坐禅をする時間を持ってはいかがでしょうか。

## 文

ひらた せつこ

ライター、プロデューサー。（株）リクルートより1993年独立し、友人と（株）ジオコス設立。現在までに1500人以上を取材・執筆、教育・医療の分野で活動を続ける他、コミュニケーションなどの講演活動も行う。一般社団法人まなびの応援団 代表理事、（株）ジオコス取締役、総合在宅医療クリニック 総合プロデューサー。

監修　武山廣道
文　ひらたせつこ
絵　井上賀奈子（chica）
装丁デザイン　宮下ヨシヲ（サイフォン グラフィカ）
本文デザイン　渡辺靖子（リベラル社）
編集　伊藤光恵（リベラル社）
営業　津村卓（リベラル社）

編集部　堀友香・上島俊秀・山田吉之・高清水純
営業部　津田滋春・廣田修・青木ちはる・榎正樹・澤順二・大野勝司

※本書は2013年に小社より発刊した『禅語エッセイ』を改題・再編集したものです

しあわせはいつもそばに

2018年8月27日　初版

編　集　リベラル社
発行者　隅田直樹
発行所　株式会社 リベラル社
〒460-0008　名古屋市中区栄3-7-9　新鏡栄ビル8F
TEL 052-261-9101　FAX 052-261-9134
http://liberalsya.com
発　売　株式会社 星雲社
〒112-0005　東京都文京区水道1-3-30
TEL 03-3868-3275

　ISBN978-4-434-25086-6